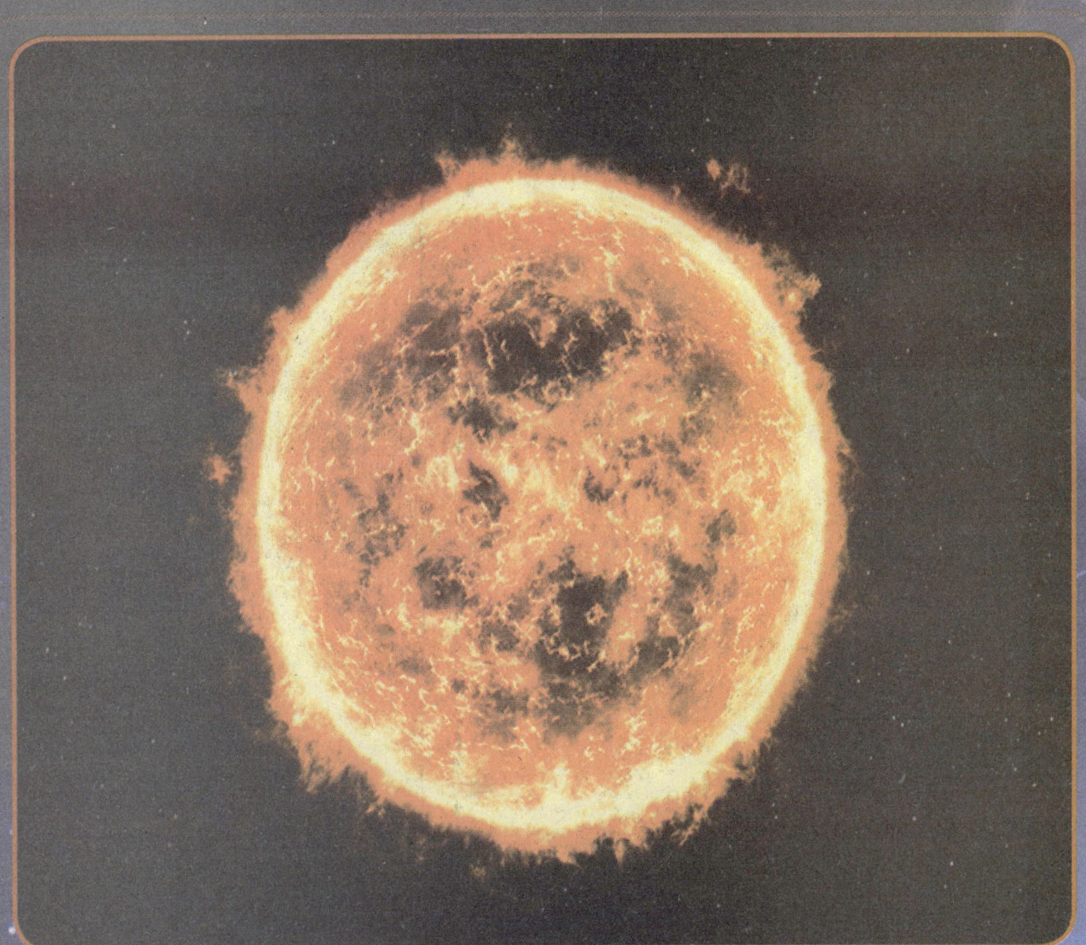

सूर्य

चंद्रमा

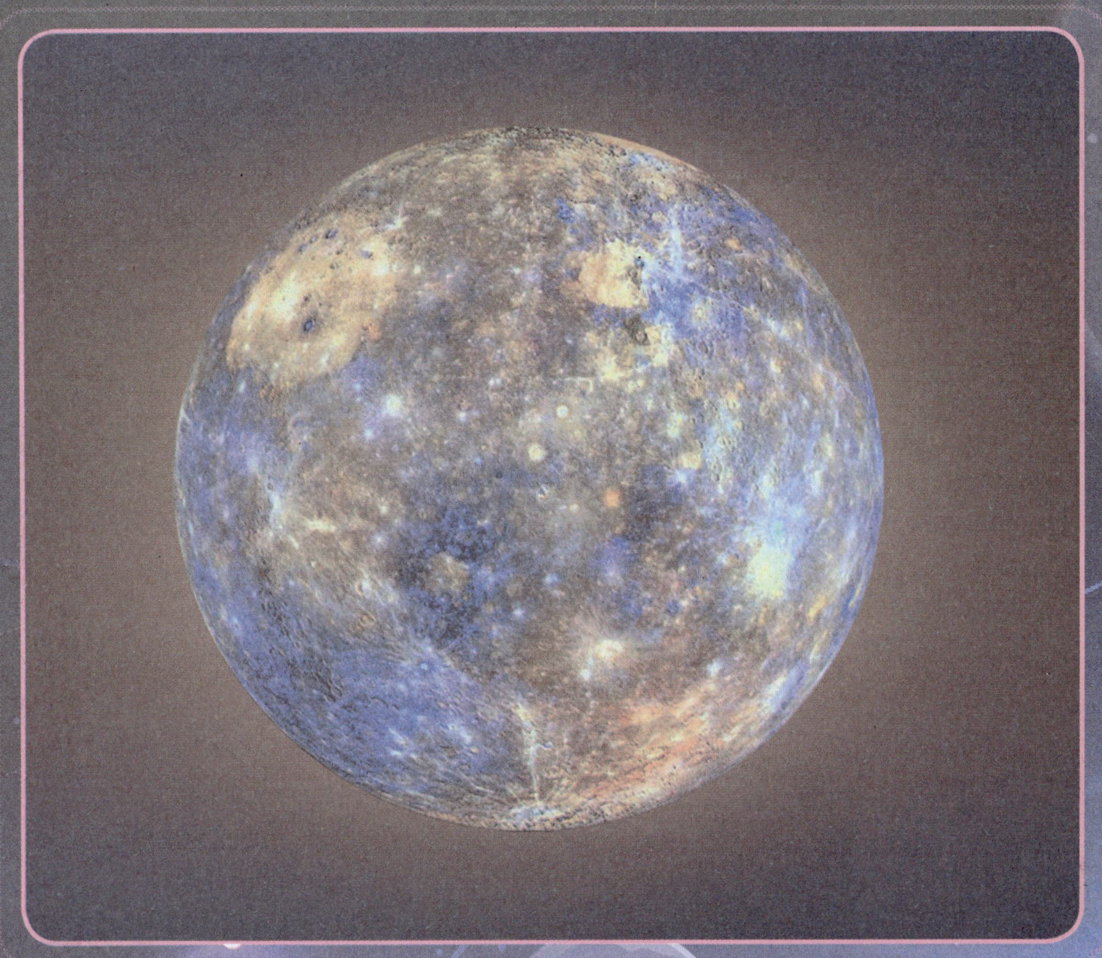

बुध

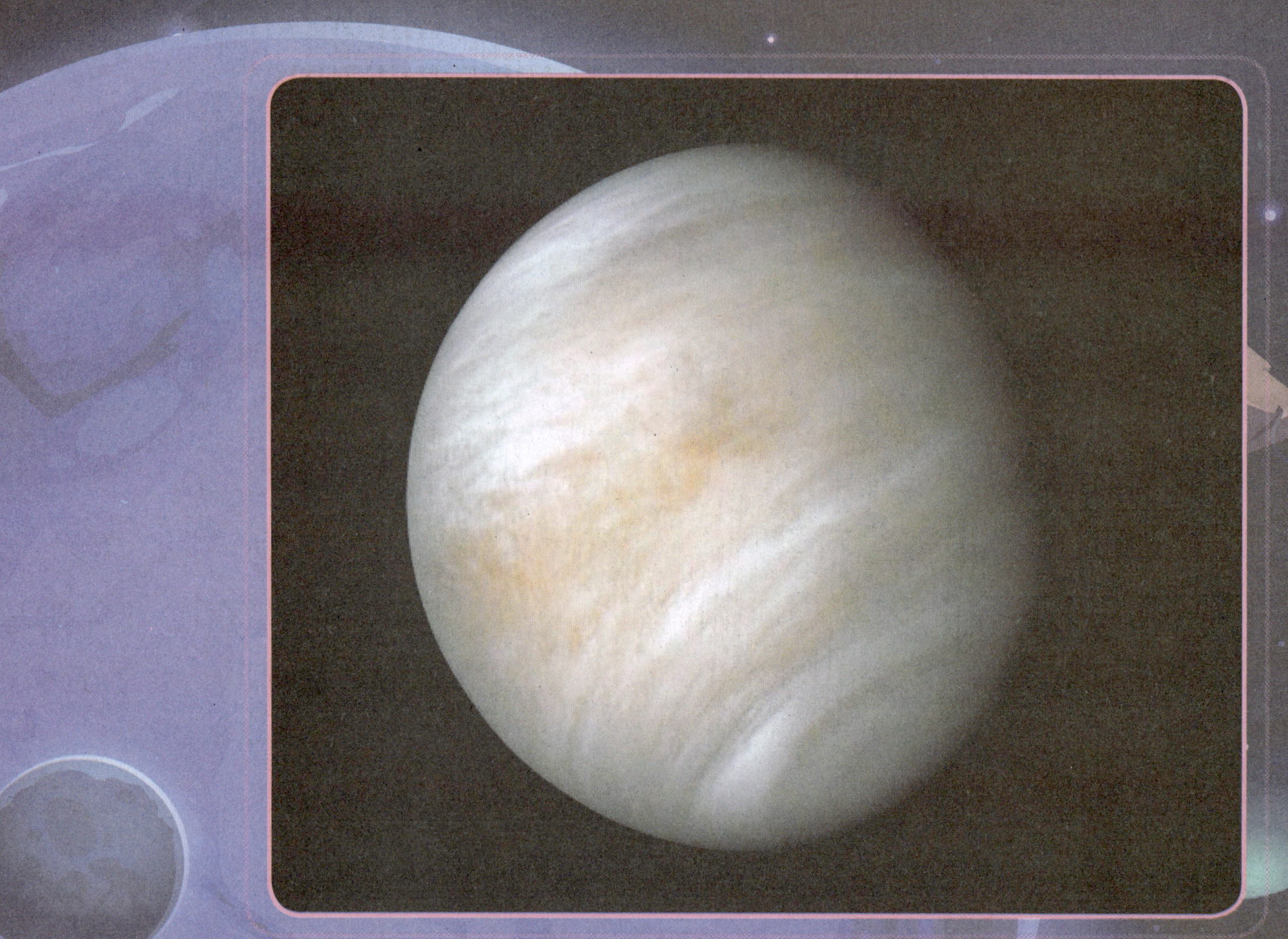

शुक्र

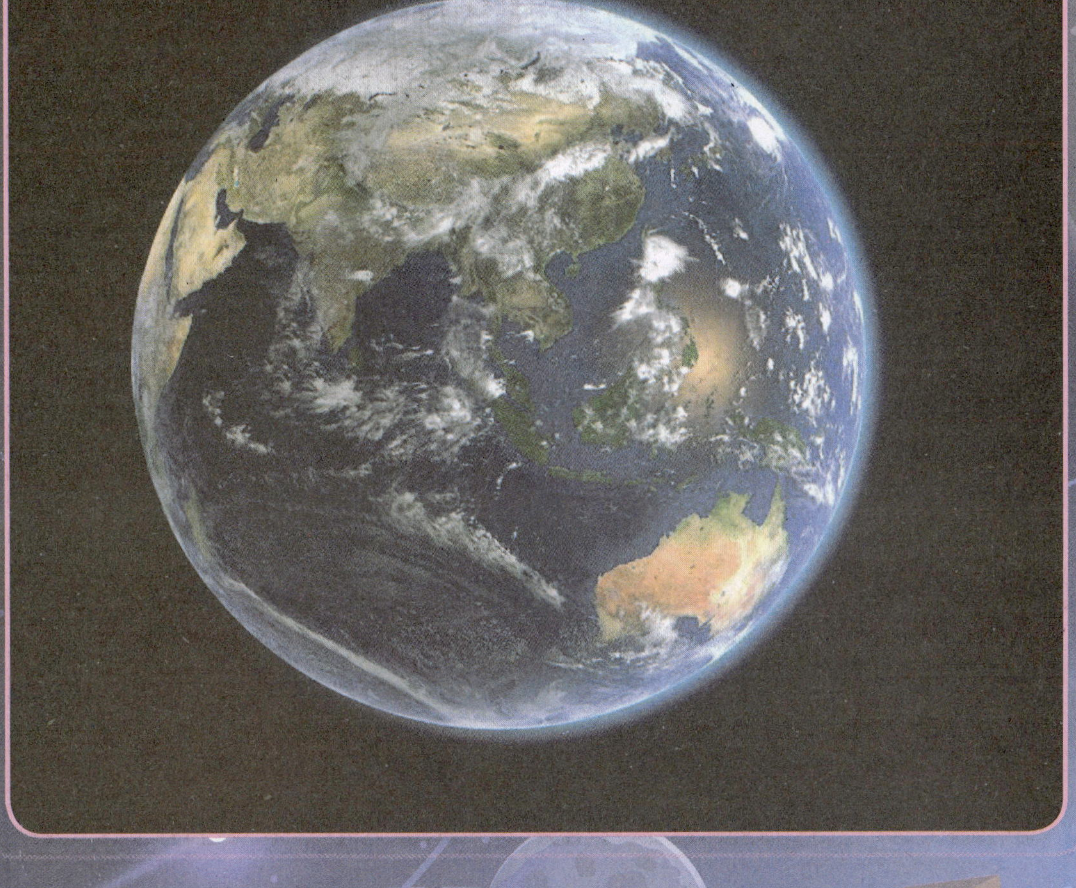

पृथ्वी

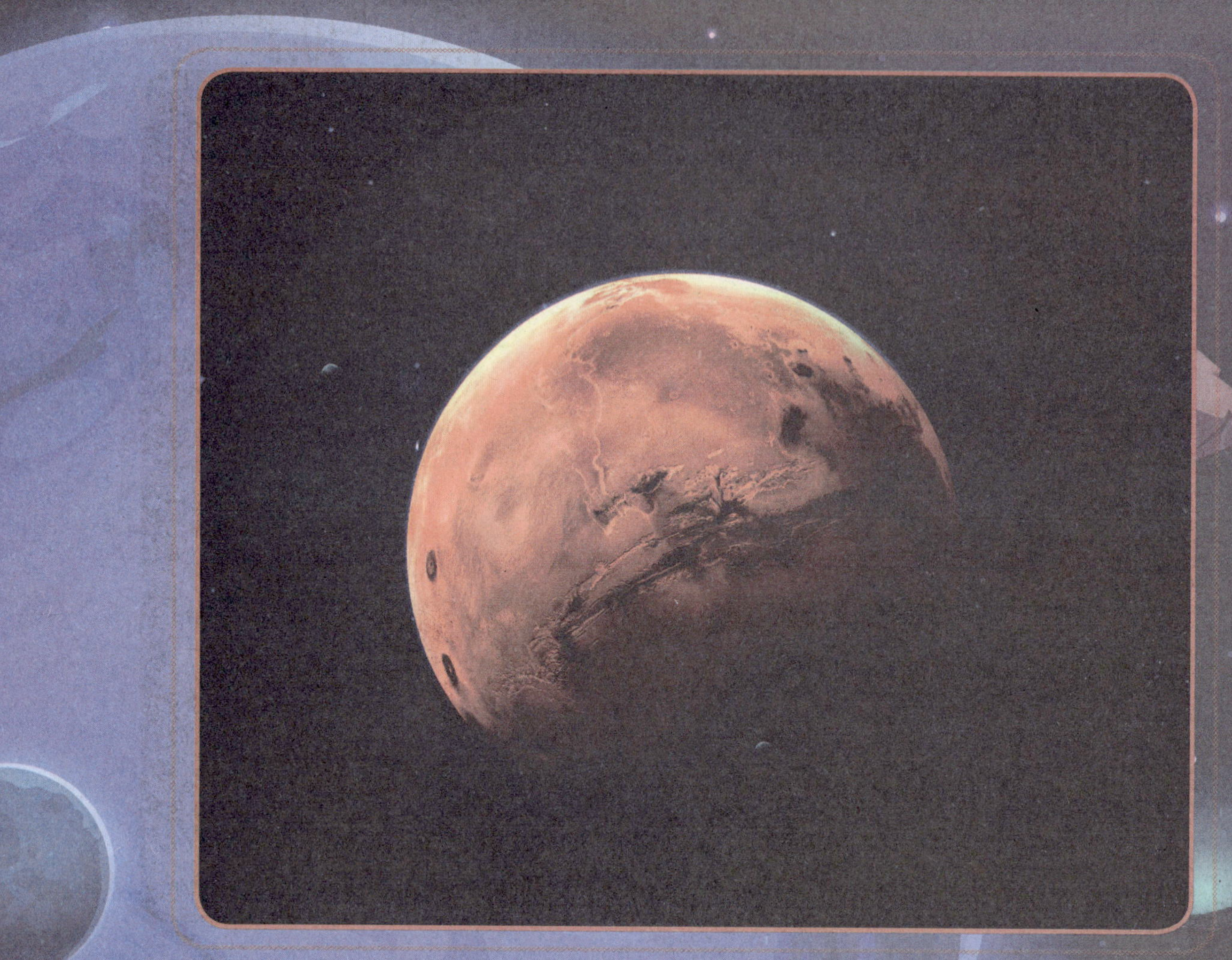

मंगल

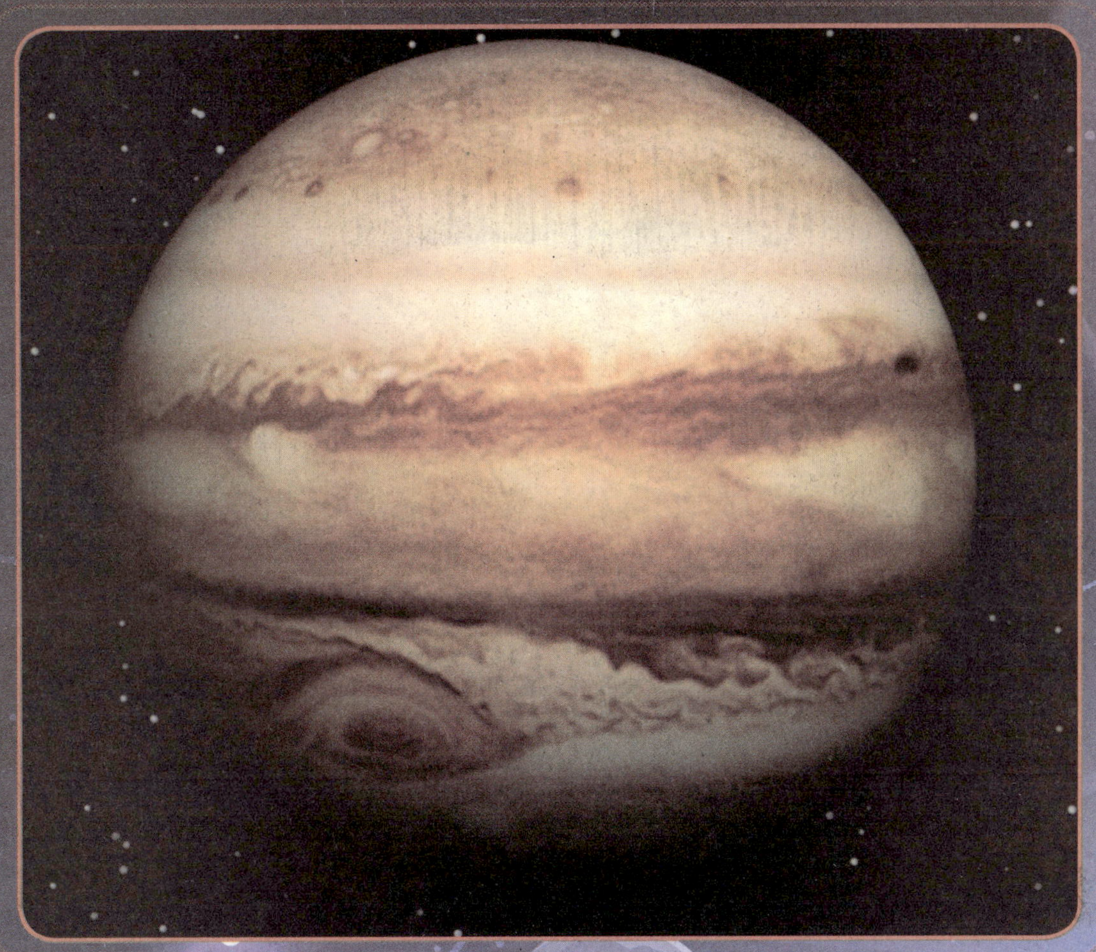

बृहस्पति

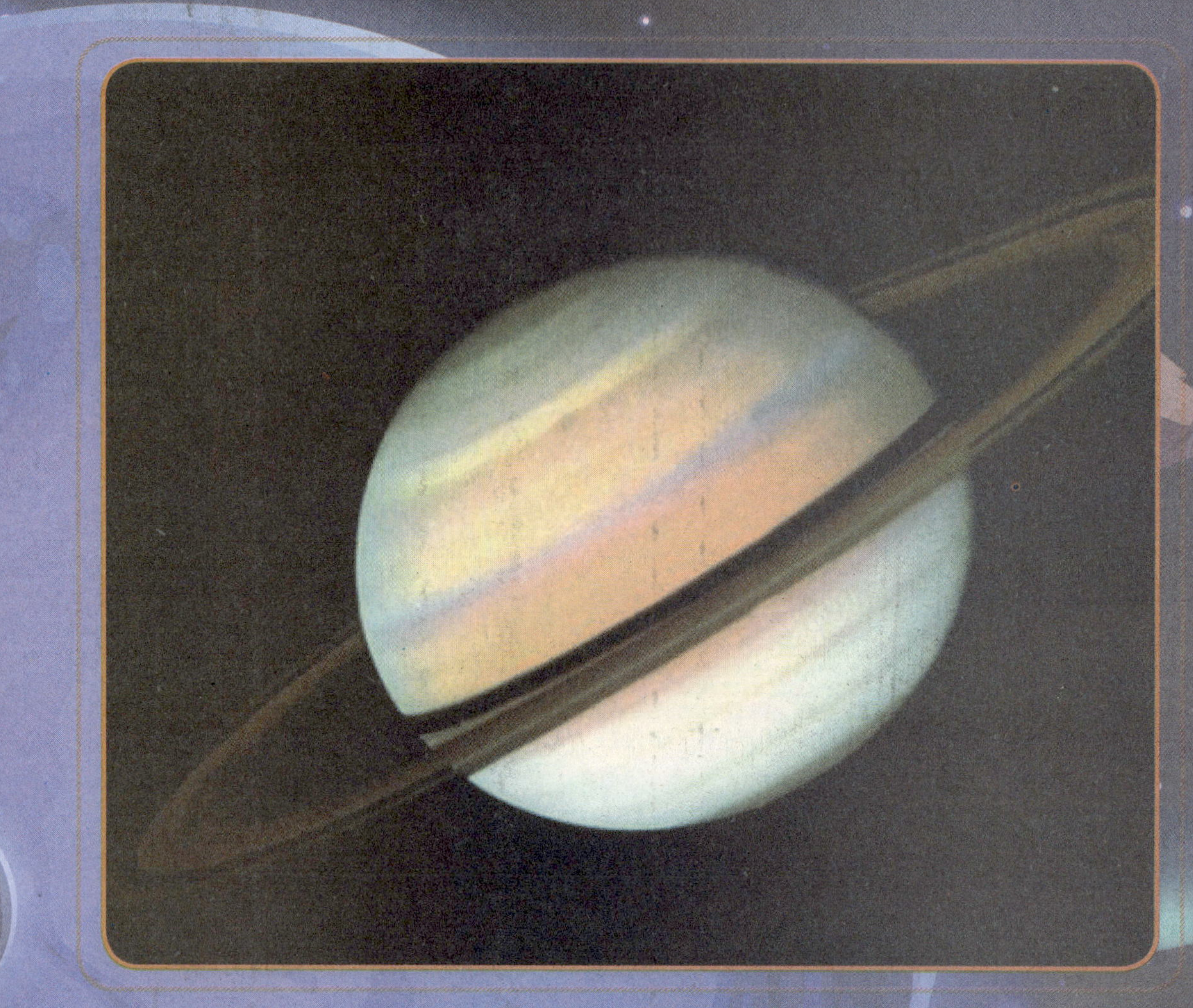

शनि

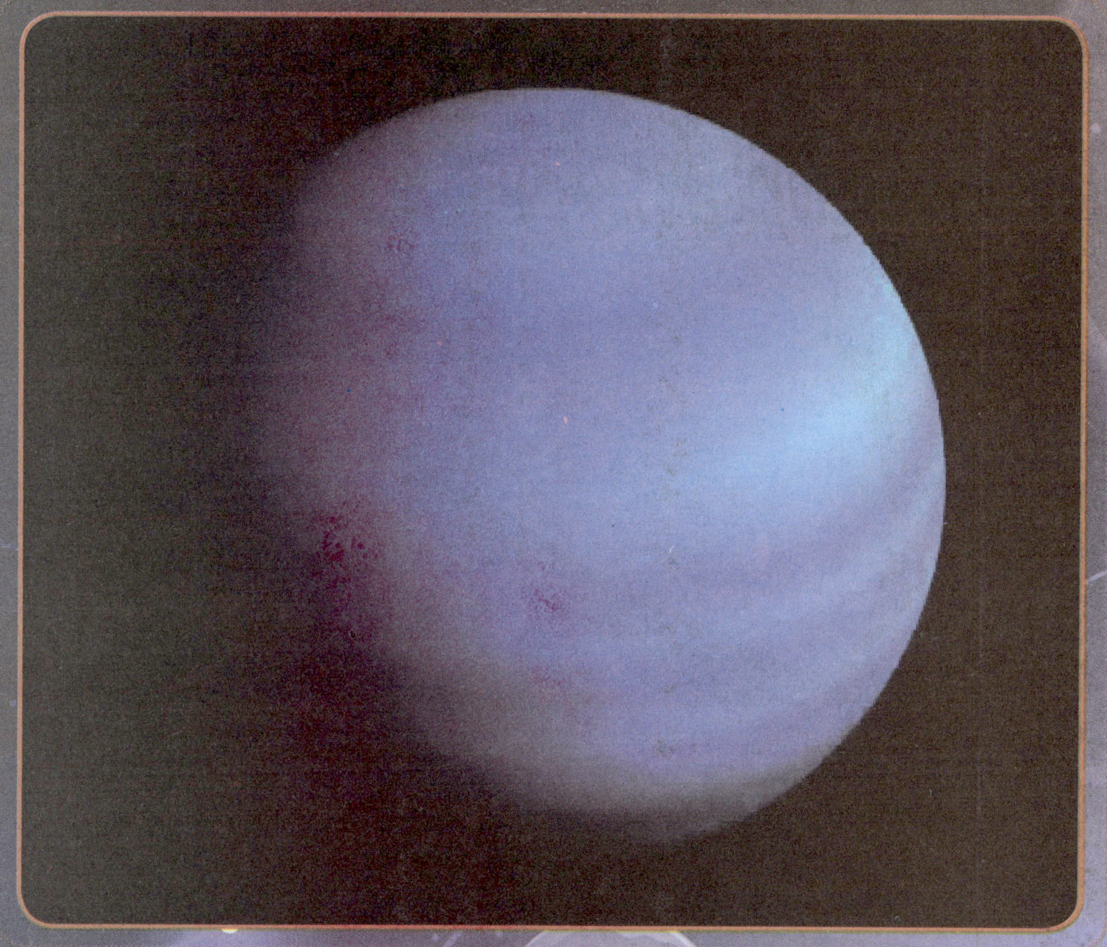

अरुण

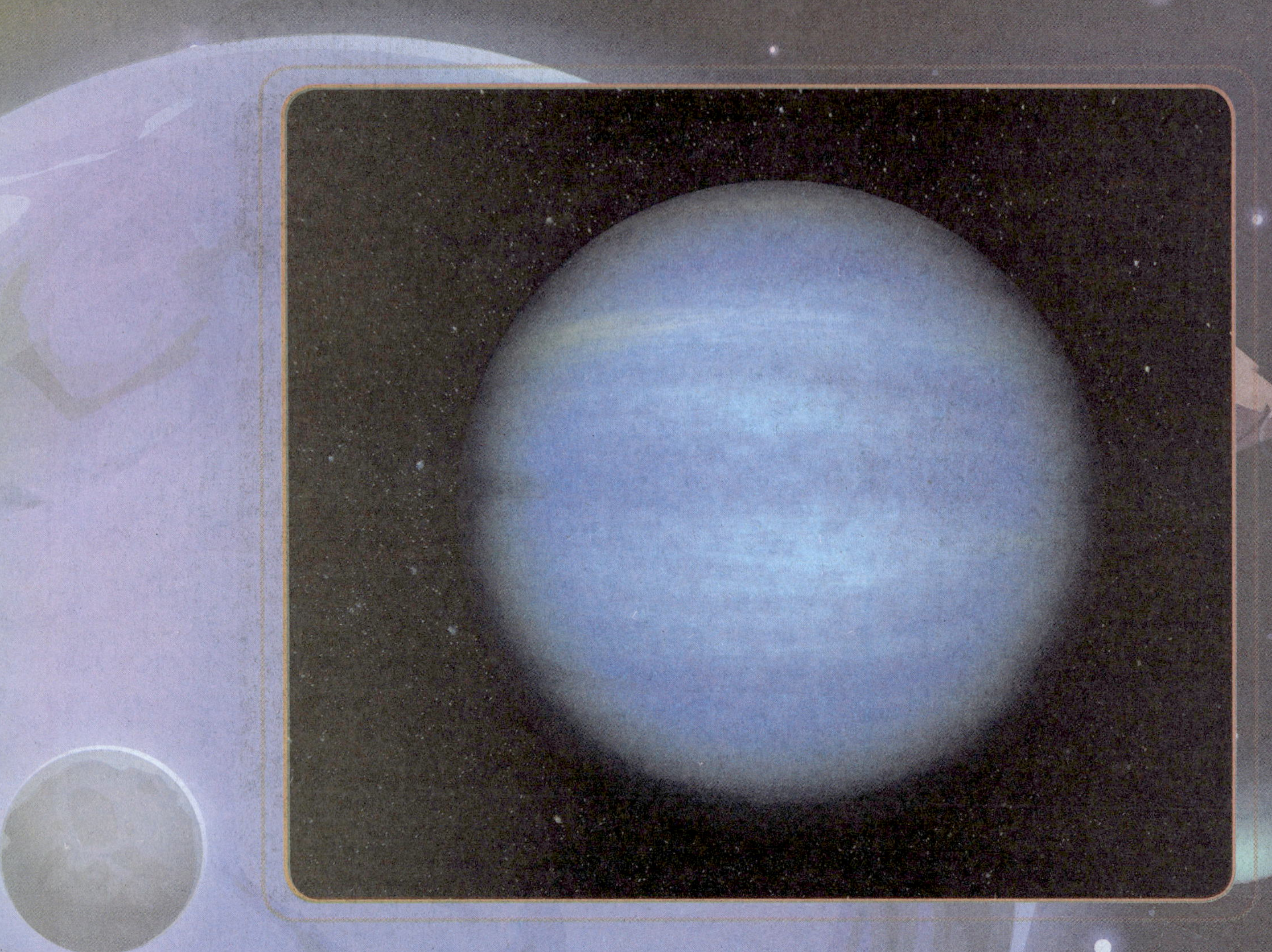

वरुण

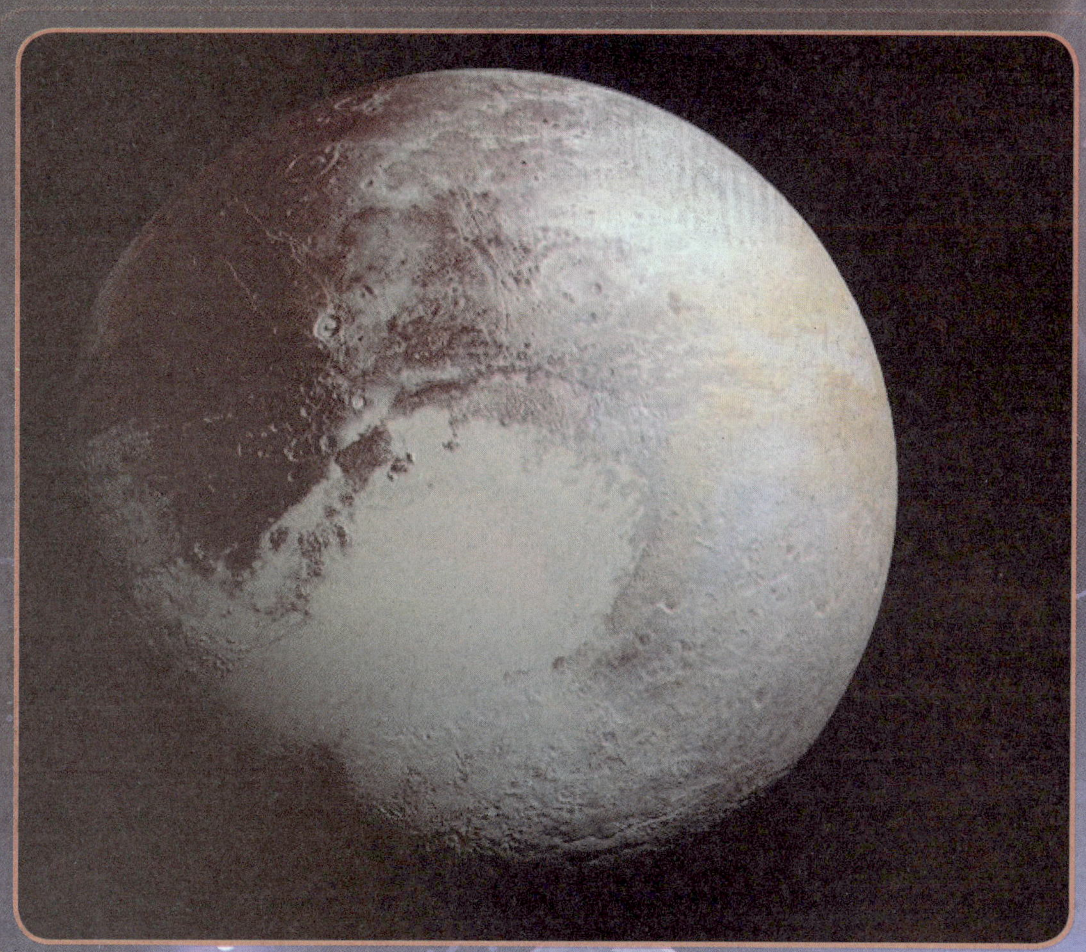

प्लूटो

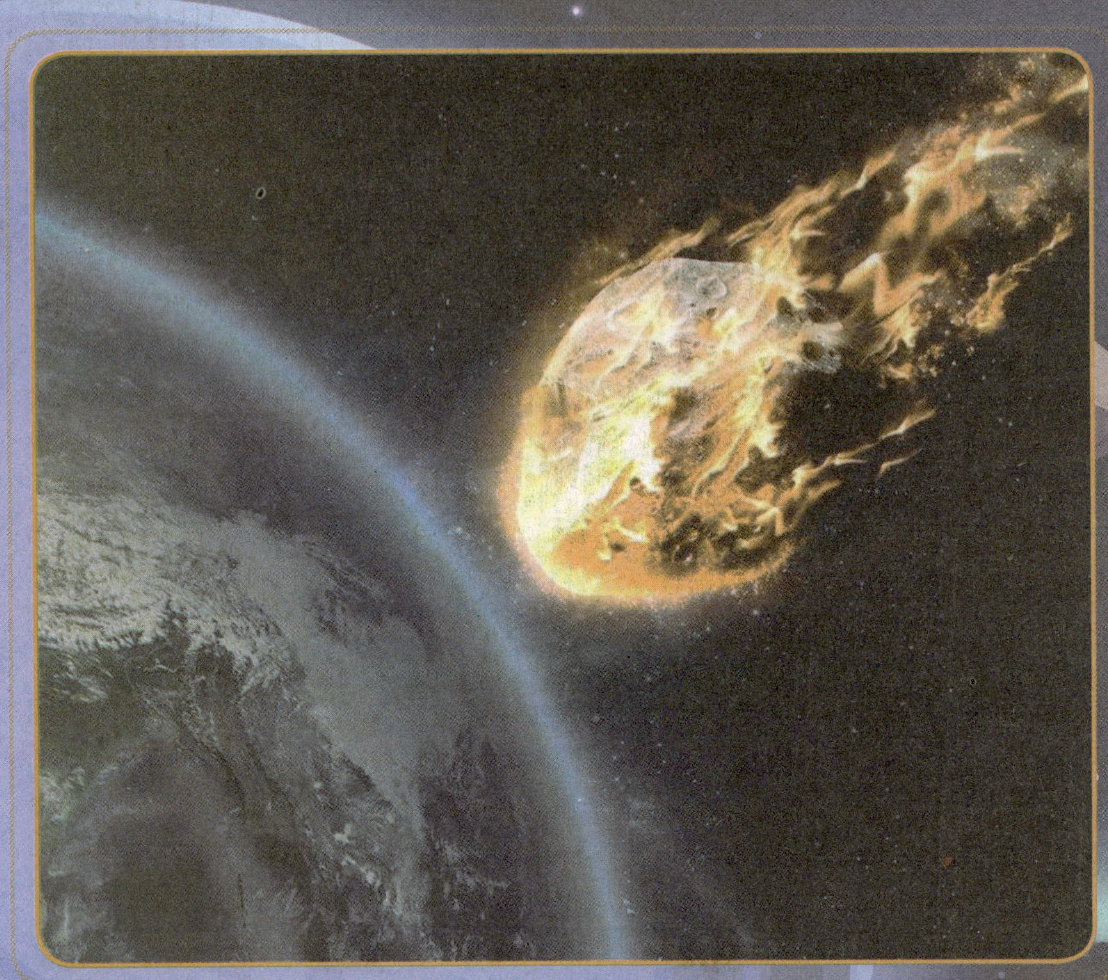

क्षुद्रग्रह

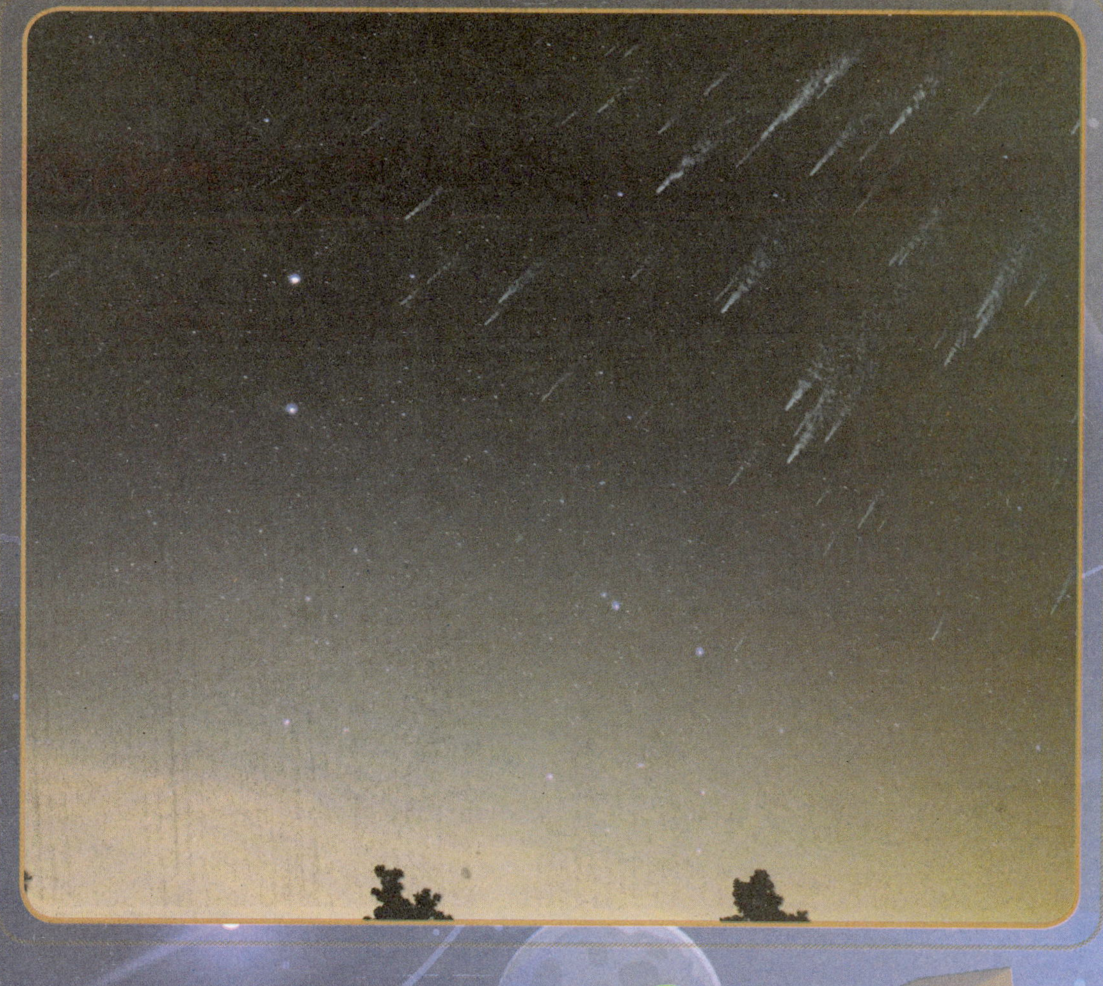

उल्कापिंड

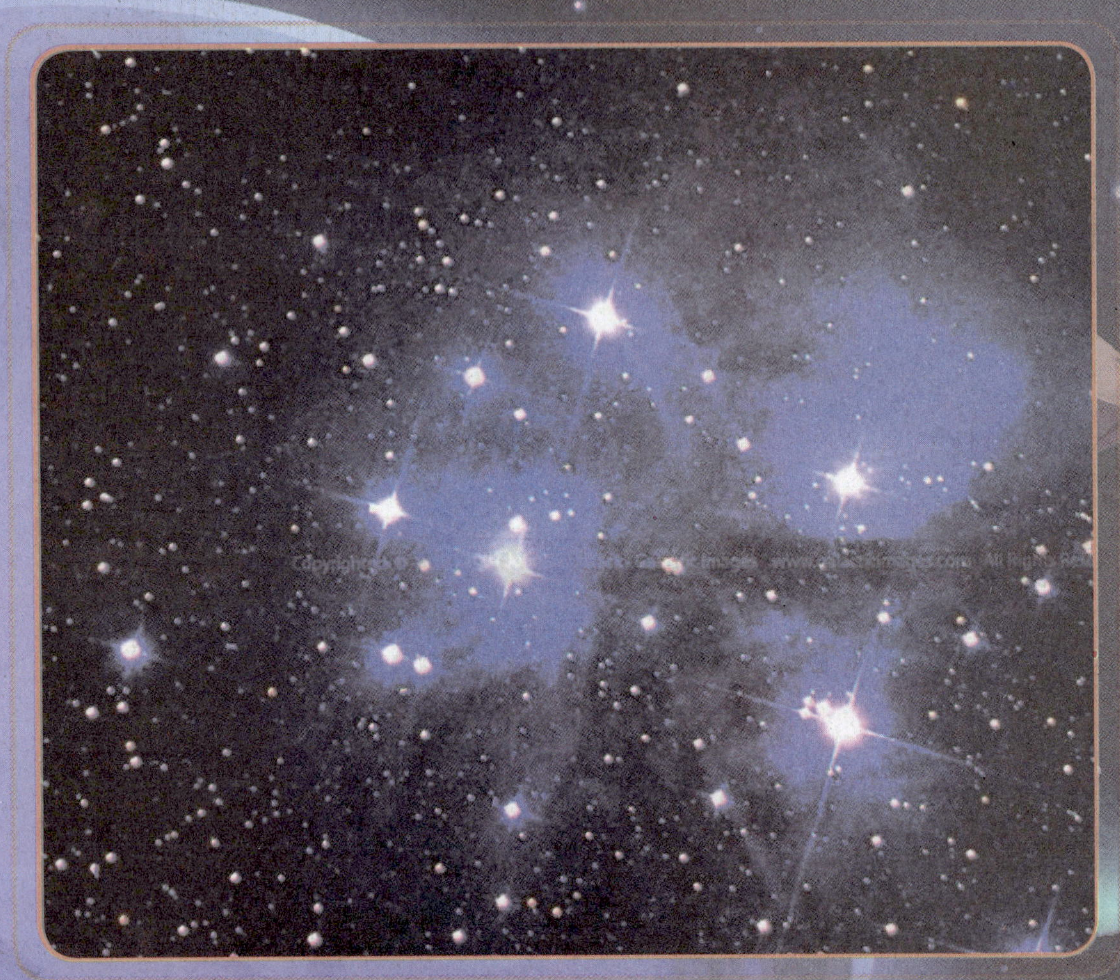

तारे

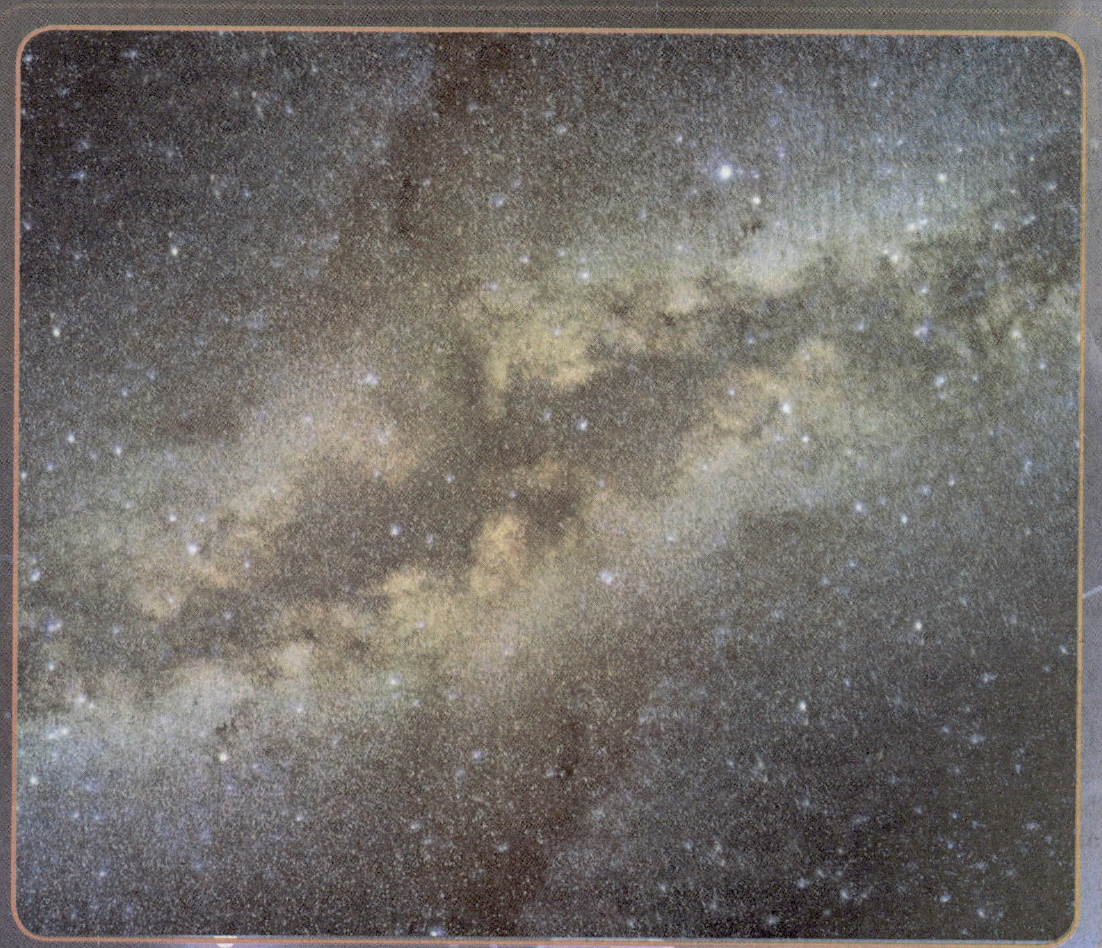

आकाश गंगा

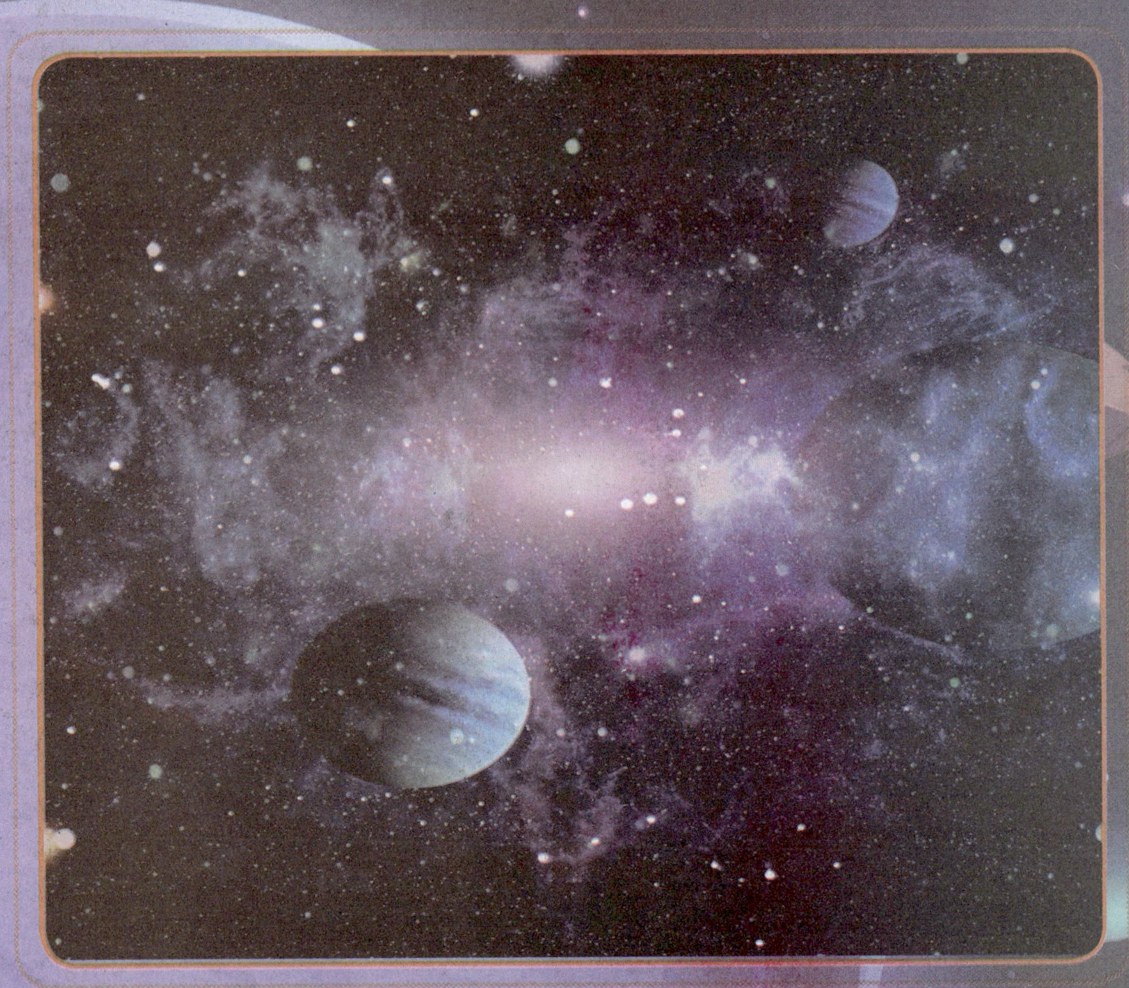

तारामंडल